Written and Illustrations by A

¡Hoy voy a la playa!

Today I go to the beach!

Archway Publishing books may be ordered through booksellers or by contacting:

Archway Publishing
1663 Liberty Drive
Bloomington, IN 47403
www.archwaypublishing.com
1 (888) 242-5904

ISBN: 978-1-4808-6129-9 (sc)
ISBN: 978-1-4808-6131-2 (hc)
ISBN: 978-1-4808-6130-5 (e)

Print information available on the last page.

Archway Publishing rev. date: 08/06/2018

Dedication

This book is dedicated to Nicholas, Derek and Charles,
my three boys who love the beach and grew up in no time!

ACKNOWLEDGMENT

I want to thank Nicholas Schwab for his encouragement and assistance in making this book possible. His attention to detail, made me a more detailed writer and illustrator. His constant checking up on me, kept me going. His enthusiasm for this project made this a fun, loving endeavor.

¡Hola!

¡Hoy voy a la playa! es un libro bilingüe en donde aprenderás español o inglés a la vez que pasas un rato disfrutando de la arena, el agua, y el sol. ¡Leélo una y otra vez! Me encanta la playa, y espero que cuando leas este cuento, puedas descansar un rato a través de los pensamientos apacibles de un niño, que tan solo en un día en la playa o quizás en muchos días más, crece de pequeño a adolescente.

¡Bienvenidos!

Hello!

Today I go to the beach! is a bilingual book where you will learn Spanish or English while you spend some time enjoying the sand, the water and the sun. Read it over and over again! I love the beach, and my wish is that when you read this book, you can rest awhile through the peaceful thoughts of a boy, that only in one day, or maybe in many more days, grows up from a child to an adolescent.

Welcome!

Anelly Schwab Alfaro

Me despierto por la mañana
y miro por la ventana...
-¡Hace sol! ¡Mamá! ¡Vamos a la playa!

I wake up in the morning and
look out the window...
-It is sunny! Mom! Let's go to the beach!

En la arena, encuentro muchas cosas...
Hay caracoles.
Hay conchas de mar.
Hay conchas de abanico.
Hay erizos de mar aplanados.

In the sand, I find many things...
There are sea snails.
There are sea shells.
There are scallops.
There are sand dollars.

¡A veces también veo
estrellas de mar,
cangrejos y huellas...
de mis pies!

Sometimes, I also see
starfish,
crabs and footprints...
of my feet!

En la orilla, veo burbujas de mar y las trato de atrapar en mis manos... ¡Pero vienen y se van!También hay yerba...que se llama alga... ¡La yerba me hace cosquillas, en los pies!

By the shore, I see sea bubbles and I try to catch them with my hands... But they come and they go! Also, there is grass...which is called algae... The grass tickles me, in my feet!

En la arena, veo muchas aves,
grises y blancas, de todos tamaños.
Esas se llaman gaviotas.
Ellas se asustan cuando las voy contando:
una, dos, tres, cuatro y salen todas volando.

On the sand, I see many birds,
gray and white, of all sizes,
These are called seagulls.
They get scared when I count them:
one, two, three, four and they
all take off flying.

Además, siento la brisa pero no la veo,
solo puedo ver que las olas van y vienen
y hacen un sonido increíble,
¡Es como viento y agua...que rugen
todo en conjunto!

Also, I feel the breeze, but I do not see it,
I can only see that the waves come and go,
And they make an incredible sound,
It's like wind and water which
are roaring altogether!

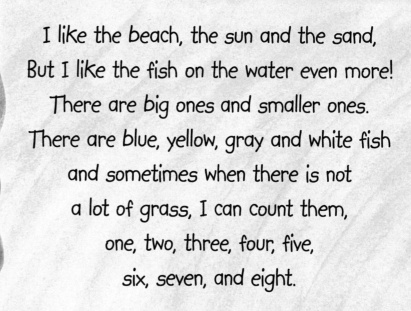

¡Me gusta la playa, el sol y la arena,
pero más me gusta ver los peces en el agua!
Hay grandes y más pequeños, hay
peces azules, amarillos y grises y blancos
y a veces, cuando no hay mucha
yerba puedo contarlos,
uno, dos, tres, cuatro, cinco, seis, siete y ocho.

I like the beach, the sun and the sand,
But I like the fish on the water even more!
There are big ones and smaller ones.
There are blue, yellow, gray and white fish
and sometimes when there is not
a lot of grass, I can count them,
one, two, three, four, five,
six, seven, and eight.

Ya viene una ola y se van todos de nuevo,
van y vienen, nadan y se esconden
entre la yerba y la espuma.
Ya no los veo más y me voy a nadar.

Now comes a wave and they
all go away again,
they come and they go, they
swim and they hide
in between the grass and the sea foam.
Now, I don't see them anymore
and I go swimming.

Nado, nado a la orilla del mar
y luego salgo, salgo a la arena a descansar.
En la arena, juego con mi pala, cubo y rastrillo
hasta que construyo un castillo.

I swim, I swim to the sea shore
and later, I go out, I go out
to the sand to rest.
On the sand, I play with my shovel, pail and
rake, until a castle I make.

El agua salada entra y sale del castillo,
a veces las olas vienen muy
despacito y calladas,
y otras veces las oigo venir con ruido,
cuando chocan en la orilla
donde está mi castillo.

The salty water goes in and out of the castle,
sometimes the waves come in very slowly
and silently, and other times, I hear them
when they come in with a roar, when they
crash at the shore where my castle is.

Ya *se* va el sol y ya nos vamos.
Pronto vendrá la luna y con ella
las olas más fuertes.
El mar estará *bien* despierto y habrá
más viento.

Now the sun is leaving and we are too.
Soon the moon will *be* here bringing along the
stronger waves.
The sea will *be* wide awake and there will *be*
more wind.

¡Ha sido un lindo día en la playa!
-¡Adiós olas, caracoles, gaviotas, estrellas
de mar, cangrejos, arena, peces, y algas!
-¡Quizás los veré mañana!

It has been a pretty day at the beach!
-Goodbye waves, shells, seagulls,
starfish, crabs, sand, fish and algae!
-Maybe I will see you tomorrow!

¡Espero que te haya gustado el
cuento! Nos veremos en el próximo...
con cariño,
Anelly

I hope you enjoyed the story!
We will see you in the next one...
with love,
Anelly

Anelly Schwab Alfaro nació en Santo Domingo, República Dominicana. Actualmente, es profesora de español y traductora y reside en la Florida con su familia.

Anelly Schwab Alfaro was born in Santo Domingo, Dominican Republic. She is currently a Spanish teacher and translator and lives in Florida with her family.